Spielervermittlun

Fabian Angene

Spielervermittlung im Profifussball in Deutschland

Rechtliche und tatsächliche Schutzmechanismen zur Vermeidung von Interessenkollisionen

Reihe Gesellschaftswissenschaften

Impressum / Imprint

Bibliografische Information der Deutschen Nationalbibliothek: Die Deutsche Nationalbibliothek verzeichnet diese Publikation in der Deutschen Nationalbibliografie; detaillierte bibliografische Daten sind im Internet über http://dnb.d-nb.de abrufbar.

Bibliographic information published by the Deutsche Nationalbibliothek: The Deutsche Nationalbibliothek lists this publication in the Deutsche Nationalbibliografie; detailed bibliographic data are available in the Internet at http://dnb.d-nb.de.

Coverbild / Cover image: www.ingimage.com

Verlag / Publisher:
AV Akademikerverlag
ist ein Imprint der / is a trademark of
OmniScriptum GmbH & Co. KG
Heinrich-Böcking-Str. 6-8, 66121 Saarbrücken, Deutschland / Germany
Email: info@akademikerverlag.de

Herstellung: siehe letzte Seite /
Printed at: see last page
ISBN: 978-3-639-80984-8

Inhaltsverzeichnis

Abbildungsverzeichnis

Tabellenverzeichnis

Abkürzungsverzeichnis

Abb.	Abbildung
Bsp.	Beispiel
bspw.	Beispielsweise
DFB	Deutscher Fussball-Bund
d.h.	das heißt
engl.	Englisch
FIFA	Fédération Internationale de Football Association
o.g.	oben genannt
o.Ä.	oder Ähnliches
UEFA	Union des Associations Européennes de Football
z.B.	zum Beispiel

1. Einleitung

Die Spielervermittlerbranche im professionellen Fussball in Deutschland ist in der Blütezeit. Jährlich stoßen neue Spielervermittler in diesen Bereich, welche sich u.a. durch den Erwerb der Lizenz erhoffen, klangvolle Spieler als Kunden zu akquirieren und dadurch hohe wirtschaftliche Erlöse zu generieren. Da dieses Vermittlergeschäft jedoch mehr eine Grauzone im Fußballmarkt darstellt und es wenige regulative Mechanismen gibt, welche zusätzlich auch umgangen werden können, ist die Branche schon vor langer Zeit in Verruf geraten.

Dadurch, dass bei Spielertransfers und Vertragsverhandlungen in diesem Geschäft nicht nur Spieler und Verein, sondern auch die Spielervermittler von Seiten des Vereins oder des Spielers beauftragt, teilnehmen, ist die Wahrscheinlichkeit für Interessenkollisionen sehr groß.

Um bei diesen Mechanismen einen geordneten und seriösen Ablauf zu gewährleisten und dieses Problem zu lösen wurden von der FIFA und von dem jeweiligen Staat nicht nur Gesetze verabschiedet. Auch der Markt selbst entwickelt Schutzmechanismen um entstehenden Problemen bei der Zusammenkunft von verschiedenen Interessen bereits im Ansatz vorzubeugen.

Diese Arbeit zielt darauf ab, die wesentlichen rechtlichen und tatsächlichen Schutzmechanismen herauszustellen und die maßgebliche theoretische Grundlage für die Spielervermittlung zu erörtern, um abschließend eine Beurteilung über die herausgefilterten Schutzmechanismen abzugeben.

1.1 Vorgehensweise

Im Folgenden wird zunächst der Begriff des Spielervermittlers definiert und der Erwerb der Lizenz mit deren Zugangsvoraussetzungen in Deutschland skizziert, ehe diese bewertet werden. Danach erfolgt ein Überblick über die Anzahl der Spielervermittler und eine Auflistung der zehn Wertvollsten Vermittleragenturen in Deutschland. Nach dieser Vorstellung wird die theoretische Grundlage genannt welche diese Wirtschaftsbeziehung zwischen Vermittler und Verein sowie Vermittler und Spieler beschreibt. Abgeschlossen wird dieser theoretische Ansatz von den Gefahren, welche diese Theorie ableitet und daraus entstehenden Lösungsansätzen.

Nachfolgend werden die zugrunde liegenden FIFA-Richtlinien und staatlichen Gesetze genannt ehe der Übergang zu den tatsächlichen Schutzmechanismen erfolgt.

Die erlangten Erkenntnisse werden abschließend in dem Fazit vereint und überprüft.

2. Spielervermittler

Dieses Kapitel beschäftigt sich mit der Definition des Spielervermittlers sowie der Skizzierung des Lizenzerwerbs. Abschließend werden die damit verbundenen Zugangsvoraussetzungen bewertet.

2.1 Definition Spielervermittler

Zunächst ist es wichtig, den Begriff des Spielervermittlers genau zu definieren. In den FIFA-Statuten ist der Begriff des Spielervermittlers geregelt. Im Spielervermittlerreglement der FIFA wird dieser Begriff folgendermaßen definiert: „Spielervermittler: eine natürliche Person, die gegen Entgelt Spieler bei einem Verein vorstellt, um Arbeitsverträge auszuhandeln oder neu zu verhandeln, oder die im Hinblick auf den Abschluss eines Transfervertrags zwei Vereine einander vorstellt, und zwar jeweils unter Einhaltung der in diesem Reglement niedergelegten Bestimmungen."[1]

Hieraus lässt sich erkennen, dass der Akteur eine vermittelnde Tätigkeit ausführt, welche durch ein Entgelt vergütet wird. Aufgabe des Vermittlers ist es, einen Spieler bei einem Verein vorzustellen und gegebenenfalls für den Spieler einen Arbeitsvertrag auszuhandeln oder neu zu verhandeln (in den meisten Fällen eine Vertragsverlängerung) oder aber auch das Zusammenkommen von zwei Vereinen bei einem Spielertransfer zu ermöglichen. Man erkennt auch, dass jede natürliche Person eine Spielervermittlerlizenz erwerben kann. Ausnahmen sind Rechtsanwälte sowie Eltern, Geschwister und Ehepartner der Spieler.[2] Diese Personen benötigen keine Lizenz für die Spielervermittlung. Jedoch gilt es noch zu erwähnen, dass auch oftmals der Begriff des Spielerberaters in Verbindung mit dem Spielervermittlergeschäft genannt wird.

---

[1] Nr.1 FIFA Spielervermittler-Reglement (2008), S. 4
[2] FIFA Spielervermittler-Reglement (2008), Art. 4 Nr. 1 und 2, S. 7

2.2 Erwerb der Spielervermittlerlizenz in Deutschland

Die in Punkt 2.1 angesprochene Lizenz bildet die Zugangsvoraussetzung zur Spielervermittlung. In dieser Branche in Deutschland gibt es zwar eine gewisse Dunkelziffer an Personen, welche ohne jegliche Lizenz Spieler vermitteln, dennoch wird diese Lizenz als essentieller Bestandteil der Branche angesehen. Hierdurch wird schon einer Interessenkollision vorgebeugt. Die Konfliktvermeidung wird durch die Zugangskontrolle erreicht, indem die Lizenzinhaber den auf Konfliktvermeidung abzielenden Berufsethikkodex unterworfen werden. In dem Buch „Sportmanagement" von Prof. Dr. Albert Galli et al. (2012) wird festgestellt, dass die legale Ausübung des Berufs an „verbandsrechtliche Zugangsregel" gebunden ist.[3] Spielervermittler werden nicht direkt von der FIFA lizenziert, sondern die Aufgabe obliegt dem jeweiligen nationalen Fußballverband. In Deutschland ist dies der Deutsche Fussball-Bund (DFB). Im Folgenden wird nun ein Erwerb der Vermittlerlizenz in Deutschland skizziert.

Laut den Vorschriften des DFB muss der Bewerber seit mindestens zwei Jahren seinen Wohnsitz in Deutschland haben, ein EU-/EWR-Bürger sein mit Wohnsitz in Deutschland, oder die deutsche Staatsangehörigkeit besitzen und den Wohnsitz noch nicht länger als zwei Jahre im Ausland haben.[4] Um die Lizenz zu bekommen, muss der Anwärter eine schriftliche Prüfung erfolgreich absolvieren, welche jeweils zweimal pro Jahr angeboten wird. Diese Prüfung beinhaltet Fragen über die Statuten und Reglements der FIFA und der UEFA sowie die Ordnungen und Satzungen des DFB und des Ligaverbandes.[5]

Für die Zulassung zur Prüfung benötigt der Bewerber drei essenzielle Dokumente. Einerseits wird ein polizeiliches Führungszeugnis benötigt, welches nicht älter als sechs Monate sein darf und in dem Monat, in welchem die Bewerbung unterzeichnet wird, ausgestellt sein muss. Das Bewerbungsformular

---

[3] Galli,A. et al: Sportmanagement (2012), S. 660
[4] DFB Lizenzierungsvorrausetzungen und Verfahren I Nr.1 Absatz a – c
[5] DFB Lizenzierungsvorrausetzungen und Verfahren I Nr.2

vom DFB (siehe unten) beinhaltet die unterzeichnete Erklärung, dass der Bewerber keine Stelle als Funktionär in einer damit verbunden Organisation, Konföderation, Liga, Verein oder Verband inne hat. Des Weiteren bestätigt der Anwärter der Spielervermittlerlizenz mit der Unterschrift auch, dass die oben genannten Punkte bezüglich des Wohnsitzes übereinstimmen und die Statuten, Reglements, Weisungen und Entscheidungen der zuständigen Kontrollorgane eingehalten werden.

Nach bestandener Prüfung muss der angehende Spielervermittler schließlich den Kodex der Berufsethik der FIFA unterschreiben.[6] Dies ist ein weiteres und wichtiges Mittel, der Kollision von Interessen und somit der Entstehung von Konflikten entgegenzuwirken. Denn durch die Unterzeichnung des Kodexes unterwirft sich der angehende Vermittler den FIFA-Richtlinien. Der Abschluss und Nachweis einer Berufshaftpflichtversicherung in Höhe von 500.000 € muss dem DFB spätestens sechs Monate nach bestandener Prüfung vorgelegt werden.

Nach diesen Prozessen bekommt die entsprechende Person die Lizenz ausgehändigt und darf anschließend als lizenzierter Vermittler auf dem Markt agieren. Nachfolgend ist die Anmeldung zur Teilnahme an der schriftlichen Prüfung für die Spielervermittlerlizenz beim DFB dargestellt:

---

[6] DFB Lizenzierungsvorrausetzungen und Verfahren I Nr.3

9

Abb. 1: Anmeldung zur Teilnahme an der schriftlichen Prüfung der Spielervermittlerlizenz

Anmeldung an:

Deutscher-Fußball-Bund
Frau Filomena Schwarzbach
Postfach 710265, 60492 Frankfurt
Telefon: 069/6788-216 /Fax: 069/6788-374
Email: filomena.schwarzbach@dfb.de

ANMELDUNG ZUR TEILNAHME AN DER SCHRIFTLICHEN PRÜFUNG ZUM ERWERB DER SPIELERVERMITTLERLIZENZ BEIM DEUTSCHEN FUßBALL-BUND E.V.

Name: _____ Vorname: _____

Adresse: _____ PLZ: _____ Ort: _____

Tel.: _____ Email: _____

Hiermit melde ich mich für die Teilnahme an der schriftlichen Prüfung zur Zulassung als vom Deutschen Fußball-Bund e.V. (DFB) lizenzierter Spielervermittler an.

Gewünschter Prüfungstermin **im März** ☐ **/ September** ☐ **20**___ (Bitte zutreffendes ankreuzen)

Dieser Bewerbung füge ich folgende Unterlagen bei:

I.

	ja	folgt
1. Polizeiliches Führungszeugnis (im Monat der Prüfung, zu der die Anmeldung erfolgt, nicht älter als 6 Monate)	☐	☐
2. Ein Passbild in elektronischer Form (z. B. als JPEG)	☐	☐

II.

Der Bewerber erklärt hiermit, dass er

1. seit mindestens zwei Jahren seinen ständigen Wohnsitz im Bereich der Bundesrepublik Deutschland hat oder weniger als zwei Jahre im Ausland wohnt und die deutsche Staatsangehörigkeit besitzt.

2. keine Stellung oder Funktion bei einem internationalen oder nationalen Fußballverband oder bei einem Fußballverein oder einem mit diesen Verbänden oder Vereinen verbundenen Unternehmen bekleidet.

3. die Bestimmungen des DFB, der DFB-Mitgliedsverbände, der FIFA und der UEFA als die Rechtsgrundlagen des nationalen und internationalen Fußballsports und insbesondere die FIFA-Statuen, das FIFA-Spielervermittler-Reglement sowie das vorliegende Reglement des DFB ab Antragstellung auf Erteilung der Lizenz als für sich verbindlich anerkennt, sich der Vereinsgewalt des DFB unterwirft und Entscheidungen der zuständigen FIFA-Instanzen als endgültig anerkennt.

Der Bewerber erklärt sich bereit, eine den Anforderungen des FIFA-Reglements entsprechende Haftpflichtversicherung mit einer Versicherungssumme von mindestens 500.000,00 € abzuschließen und die Police dem DFB zu übersenden.

_____
Ort, Datum

_____
eigenhändige Unterschrift

Quelle: http://www.dfb.de/index.php?id=504345 (Zugriff: 09.01.2014, 14:43)

2.3 Bewertung der Zugangsvoraussetzungen

Um die Auswirkungen der Zugangsvoraussetzungen für das Agieren der Vermittler auf dem Markt einordnen zu können, bedarf es einer Analyse nach FIFA- und staatlichem Recht. Nur hierdurch wird es ersichtlich, warum der deutsche Nationalverband diese Anforderungen stellt.

Ein wichtiges Kriterium zur Zulassung für den Bewerbungsprozess ist das polizeiliche Führungszeugnis. Hierdurch wird sichergestellt, dass keine einschlägig vorbestraften Personen als Spielervermittler tätig werden, beispielsweise wegen Betrugs, § 263 StGB; Untreue, § 266 StGB oder Parteiverrats § 356 StGB; Straftaten, welche für die Spielervermittlerbranche relevant sind.

Ein weiterer und wichtiger Punkt ist die Vermeidung von Doppelvertretungen im Bezug zu der Forderung seitens des Nationalverbands, dass der Bewerber keine: „ […] Position als Funktionär, Arbeitnehmer o. ä. der FIFA, einer Konföderation, eines Verbandes, einer Liga oder eines Vereins oder einer mit solchen Organisationen oder Rechtsträgern verbundenen Organisation inne hat […]"[7] Diese Voraussetzung dient dem Zweck, dass der Spielervermittler u.a. nicht auf beiden Seiten am Vertragsschluss beteiligt ist, d.h. die Vermeidung der Doppelvertretung und den damit einhergehenden Interessenkollisionen. Hier greift der allgemeine Rechtsgedanke von § 181 BGB, welcher ein „Insichgeschäft", also den oben genannten Fall, verbietet.

---

[7] DFB Lizenzierungsvorrausetzungen und Verfahren I Nr.3 Absatz b

3. Spielervermittler in Deutschland

Dieser Punkt dient dazu, eine Übersicht über das Spielervermittlergeschäft in Deutschland zu bekommen. Entsprechende Daten sind auf der Internetseite der FIFA zu finden und auf dem Webauftritt von Transfermarkt. Laut der FIFA gibt es in Deutschland aktuell 470 lizenzierte Spielervermittler. Weltweit liegt Deutschland mit diesem Wert auf Platz vier von allen FIFA Mitgliedsstaaten. Marktführer ist Italien mit 1059 lizenzierten Spielervermittlern, gefolgt von Spanien (609) und England (453).[8] Auffällig ist, dass in Deutschland viele Unternehmen entstanden sind, welche sich explizit auf die Spielervermittlung spezialisiert haben. Diese Unternehmen bieten den Spielern auch ein Paket aus individueller Beratung für z.B. Geldanlage und Rechtevermarktung. Das wertvollste Unternehmen (anhand der Marktwerte der Spieler; bestimmt durch transfermarkt.de) ist in Deutschland Mondial Sport Management & Consulting Sarl, welches seinen Sitz in Kelkheim (Taunus) hat. Der Wert beträgt 649.950.000 €, was einen Durchschnitt von ca. 9.700.746 € pro Spieler ergibt. Damit liegt die Unternehmung auch im internationalen Vergleich unter den Top Ten. Signifikant ist der Unterschied zur Nummer zwei auf dem deutschen Spielervermittlermarkt. Sports Total aus Köln hat einen Wert von 245.525.000€ und kommt auf einen Durchschnittswert von 2.854.942 € pro Spieler.[9] Nachfolgend ist eine Tabelle als Übersicht eingefügt:

---

[8] http://de.fifa.com/aboutfifa/organisation/footballgovernance/playeragents/list.html (Zugriff 11.01.2014, 11:31)
[9] http://www.transfermarkt.de/de/default/startseite/berater.html (Zugriff 11.01.2014, 14:25)

Tab. 1: Die zehn wertvollsten Spielervermittlerunternehmen in Deutschland*

Nr	Name	Adresse	Gesamtwert	Ø-Wert pro Spieler
1	Mondial Sport Management & Consulting Sarl[10]	Bahnstraße. 17 65779 Kelkheim-Ts Deutschland	649.950.000 €	9.700.746 €
2	SportsTotal[11]	Von-Hünefeld-Str. 1 50829 Köln Deutschland	247.525.000 €	2.845.115 €
3	Pro Profil GmbH[12]	Hörder Burgstr. 18 44263 Dortmund Deutschland	185.125.000 €	1.481.000 €
4	ROGON Sportmanagement GmbH & Co. KG[13]	Sternstrasse 166 67063 Ludwigshafen Deutschland	179.325.000 €	3.735.938 €
5	LIAN SPORTS[14]	Silvesterweg 8 13467 Berlin Deutschland	137.350.000 €	3.121.591 €
6	WB-Sportmanagement[15]	Germersheimer Str. 125 67360 Lingenfeld Deutschland	134.450.000 €	2.278.814 €
7	Robert Schneider / c/o Avantgarde Sponsoring[16]	c/o Avantgarde Sponsoring Buttermelcherstrasse 16 80469 München Deutschland	78.975.000 €	1.755.000 €

---

[10]http://www.transfermarkt.de/de/mondial-sport-management--consulting   sarl/details/berater_2106.html (Zugriff: 12.01.2014 13:09)
[11] http://www.transfermarkt.de/de/sportstotal/details/berater_199.html (Zugriff: 12.01.2014 13:18)
[12]http://www.transfermarkt.de/de/pro-profil-gmbh/details/berater_12.html (Zugriff: 12.01.2014 13:28)
[13]http://www.transfermarkt.de/de/rogon-sportmanagement-gmbh--co-kg/details/berater_1.html (Zugriff: 12.01.2014 13:39)
[14]http://www.transfermarkt.de/de/lian-sports/details/berater_13.html (Zugriff: 12.01.2014 13:45)
[15]http://www.transfermarkt.de/de/wb-sportmanagement/details/berater_1686.html (Zugriff: 12.01.2014 13:52)
[16]http://www.transfermarkt.de/de/robert-schneider/details/berater_117.html (Zugriff: 12.01.2014 14:17)

8	Dr. Oliver Wendt & Tomas Zorn[17]	Großer Burstah 31 20457 Hamburg Deutschland	66.325.000 €	850.321 €
9	BBC Management GmbH[18]	Neuhauser Straße 25 80331 München Deutschland	61.450.000 €	1.617.105 €
10	Soccer and more Ltd.[19]	Alte-Kelter-Straße 8a 66130 Saarbrücken Deutschland	54.225.000 €	401.667 €

Quelle: Eigene Darstellung

* Berücksichtigt werden nur Spielervermittleragenturen mit DFB-Lizenzen

Es lässt sich der Trend erkennen, dass je nach absteigendem Gesamtwert der Klienten auch der durchschnittliche Wert pro Spieler sinkt.

Dies lässt sich u.a. dadurch erklären, dass in der „Spielermasse" auch Sportler aus unteren Ligen enthalten sind, welche dementsprechend einen geringeren Marktwert als die nationalen und internationalen Top-Profis vorweisen. Auch Perspektivspieler, welche zu den Klienten der Spielervermittler gehören, haben aufgrund des Alters und der geringeren Erfahrung einen niedrigeren Marktwert, welcher den durchschnittlichen Wert pro Spieler sinken lässt. Jedoch ist dabei zu beachten, dass diese jungen Spieler als Wertanlage für die Zukunft gesehen werden und je nach Entwicklung den Wert der „Spielermasse" und somit auch den durchschnittlichen Wert pro Spieler, enorm steigern können.

Abschließend gilt es zu erwähnen, dass das Spielervermittlergeschäft sehr riskant ist, da man die Entwicklung des Spielers schwer vorhersagen kann und auch unvorhersehbare bzw. unbeeinflussbare Faktoren wie z.B. Verletzungen

---

[17] http://www.transfermarkt.de/de/dr-oliver-wendt--tomas-zorn/details/berater_997.html (Zugriff: 12.01.2014 14:29)
[18] http://www.transfermarkt.de/de/bbc-management-gmbh/details/berater_1414.html (Zugriff: 12.01.2014 14:41)
[19] http://www.transfermarkt.de/de/soccer-and-more-ltd-/details/berater_496.html (Zugriff: 12.01.2014 14:49)

und Charaktereigenschaften die Entwicklung des Spielers und somit auch die des Vermittlerunternehmens stark beeinflussen können. Dem gegenüber steht auch das positive Faktum, dass eine ungeahnt positive Entwicklung des Spielers eine Vermittleragentur in den Mittelpunkt rücken kann und die Akquise von neuen, wertvollen Klienten ungleich leichter werden kann.

4. Prinzipal-Agent-Theorie

Im Folgenden wird die theoretische Grundlage für die Spielervermittlung konkretisiert, die Prinzipal-Agent-Theorie (engl. = Principal-Agent-Theory). Hierdurch soll die Basis geschaffen werden, um den Zusammenhang und die Konflikte zwischen Auftraggeber und Auftragnehmer zu verstehen, welche u.a. durch die verschiedenen Interessenlagen verursacht werden. Dadurch werden auch Risiken sichtbar, welche vor allem der Spieler eingehen muss, wenn er ein Vertragsverhältnis mit einem Spielervermittler eingeht. Dadurch, dass die Probleme offengelegt werden, ist es auch möglich, schon bei der Betrachtung der theoretischen Grundlage Lösungsansätze zu erkennen, welche trotz des theoretischen Charakters u.a. den tatsächlichen Schutzmechanismen zugeordnet werden können.

4.1 Definition

Die Prinzipal-Agent-Theorie ist ein Erklärungsansatz für das Zusammenspiel und Handeln von Individuen auf einem unvollkommenen Markt, welcher durch Informationsasymmetrien der Geschäftspartner definiert ist. Dieser Erklärungsansatz untersucht und begründet Wirtschaftsbeziehungen in welchen ein Geschäftspartner Informationsvorsprünge gegenüber den anderen Geschäftspartnern aufweist. Rudolf Eicher und Eirik G. Furubotn haben in Ihrem Buch „Neue Institutionenökonomik" (1999) die Theorie folgendermaßen erklärt: „Die sogenannte Prinzipal-Agent-Beziehung ist eine Tatsache, auf die wir im Wirtschaftsleben an allen Ecken und Enden stoßen. Man versteht darunter kurz gesagt folgendes. Es gibt zwei Wirtschaftssubjekte: den Auftraggeber (Prinzipal) und den Beauftragten (Agent). Der Prinzipal beauftragt einen Vertreter – den Agenten – zur Ausführung einer Leistung in seinem Namen, und zur dieser

Erleichterung überträgt er dem Agenten einen gewissen Entscheidungsspielraum."[20]

Auf die Spielervermittler-Spieler-Beziehung übertragen fungiert der Spieler somit als Prinzipal (Auftraggeber) und schaltet einen Vermittler (Auftragnehmer, Agent) ein, da der Spieler den Informationsvorsprung (Kennen des Marktes, Netzwerke mit anderen Bundesliga-Managern etc.) des Vermittlers benötigt, um einen neuen Verein zu finden. Der Vermittler hat somit die Funktion eines Katalysators, der einen Vorgang aktiviert, nämlich den Vorgang der Vorstellung des Spielers bei anderen Vereinen.

Dadurch, dass der Spieler dem Agenten somit vertrauen muss und auf dessen Handeln angewiesen ist, befindet sich der Spieler in einer schwächeren Position als der Spielervermittler. Interessenkollisionen sind somit wahrscheinlich. Die daraus entstehenden Gefahren werden im folgenden Punkt analysiert.

Auf die Verein-Spielervermittler-Beziehung gemünzt schaltet der Verein bei der Suche nach einem passenden Spieler für eine vakante Position in der Mannschaft somit den Spielervermittler ein und beauftragt diesen, durch das Wissen über den Markt und bei Aktivierung der vorhandenen Netzwerke, den passenden Spieler zu finden.

Bevor jedoch im Folgenden die Gefahren dieser Theorie erläutert und nachfolgend die Schutzmechanismen konkretisiert werden, werden zunächst anhand einer Grafik die betreffenden Punkte dargestellt:

---

[20] Furubotn ,E. / Richter, R.: Neue Institutionenökonomik (2003), S. 173-174

Abb. 2: Übersicht Prinzipal-Agent-Theorie

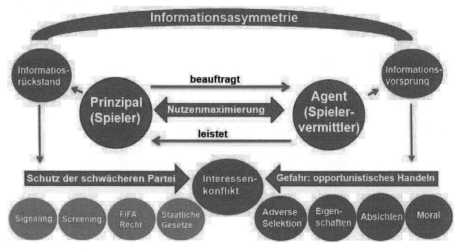

Quelle: Eigene Darstellung

4.2 Gefahren der Prinzipal-Agent-Theorie

Die asymmetrische Informationsverteilung dieser Beziehung hat Stefan Voigt treffend in seinem Buch „Institutionenökonomik" (2002) beschrieben: „Sie beschäftigt sich mit den möglichen Konsequenzen asymmetrischer Information zwischen Vertragspartnern. Ein Prinzipal betraut einen Agenten mit der Durchführung bestimmter Aufgaben. Dabei entsteht das Problem, daß er das Handeln des Agenten nicht vollständig (bzw. kostenlos) beobachten kann oder daß der Agent in Situationen handelt, die so komplex sind, daß eine eindeutige Bewertung seiner Handlungen in Bezug auf das jeweilige Ziel unmöglich ist. Der Agent verfügt somit über einen Handlungsspielraum, den er zur Maximierung seines eigenen Nutzens - und nicht den des Prinzipals - nutzen kann."[21]

Diese Feststellung bildet den Kernpunkt der Gefahren. Auf die Spielervermittler-Spieler-Beziehung gemünzt, bedeutet dies folgendes: Der Vermittler kann seinen Informationsvorsprung dazu nutzen, bei der Vereinswahl u.a. das für ihn beste Angebot (z.B. für den Spieler das finanziell aber nicht sportlich beste

---

[21] Voigt, S.: Institutionenökonomik, S. 102

Angebot) als beste Wahl seinem Spieler zu präsentieren, wodurch der Agent eine höhere Provision erwirtschaften kann. Der Spieler kann diese Entscheidung nur bedingt nachvollziehen, da er laut Voigt (2002) das Handeln des Agenten aufgrund seines Informationsnachteils nicht bewerten kann. Somit kann es passieren, dass der Spieler das für den Agenten lukrativste Angebot des aufnehmenden Vereins akzeptiert und nicht das für ihn beste Paket. Eine Interessenkollision ist somit gegeben. Die verschiedenen Aspekte, welche die Interessenkollision bedingen bzw. ein Baustein für diese Kollisionen sind, werden im Folgenden erörtert.

4.3 Aspekte für Interessenkollisionen der Prinzipal-Agent-Theorie

Die oben angeführten Aspekte, welche aufgrund der asymmetrischen Informationsverteilung beider Akteure entstehen, werden im Folgenden erklärt und in das Spielervermittler-Spieler-Verhältnis gesetzt, um die Handlungen und deren Konsequenzen anhand von Interessenkollisionen zu verdeutlichen. Hierbei gilt es zu beachten, dass es viele Aspekte mit verschiedenen Bezeichnungen gibt, die jedoch die gleichen Sachverhalte abbilden. Diese Arbeit beschäftigt sich mit den grundlegendsten Aspekten. Hierbei werden zuerst die Gefahren, welche vor dem Vertragsabschluss entstehen (ex ante) erörtert und nachfolgend diejenigen, welche nach einem Vertragsschluss (ex post) auftreten können.

4.3.1 Adverse Selektion (engl. = adverse selection)

Das Problem der adversen Selektion beschreibt den Vorgang, wenn der Prinzipal die Handlungen des Agenten zwar nachvollziehen kann, jedoch die Qualität des Ergebnisses nicht einschätzen kann, da Ihm dazu das Wissen und die Informationen fehlen. Stefan Voigt hat das Problem folgendermaßen geschildert: „Ein Prinzipal-Agent-Problem mit adverser Selektion liegt vor, wenn der

Prinzipal die Adäquatheit der Handlungen das Agenten kostengünstig bewerten kann, nicht jedoch die Qualität des Agenten bzw. des von Ihm angebotenen Gutes. Das Problem ist deshalb vor einem Vertragsabschluß relevant, wenn Sie sich überlegen, mit wem Sie überhaupt einen Vertrag abschließen wollen."[22] Bleibt man bei der angebotenen Konstellation vor einem Vertragsabschluss (ex ante) und überträgt diesen Aspekt auf das Spieler-Vermittler-Beispiel, so kann der Spieler zwar die vorherigen Aktionen des Agenten, die „Adäquatheit der Handlungen", wie z.b. die Gespräche mit den Vereinen und die Treffen mit den jeweiligen Verantwortlichen nachvollziehen, er kann jedoch nicht bewerten, welches daraus resultierende Angebot das Beste ist.

4.3.2 Verborgene Eigenschaften (engl. = hidden characteristics)

Ein weiterer Baustein der Gefahren der Prinzipal-Agent-Theorie, welcher „ex ante" auftritt, ist der Punkt der verborgenen Eigenschaften. Laut Michael Fritsch et al wird diese Charakteristik folgendermaßen definiert: „Vertragsbeziehungen können dadurch gekennzeichnet sein, dass der Prinzipal vor Vertragsschluss (ex ante) die Eigenschaften seitens potenziellen Agenten nicht einschätzen kann, das Ergebnis aber wesentlich von diesen Eigenschaften, allgemein der Leistungsfähigkeit bzw. Produktivität des Agenten abhängt. Der Prinzipal hat ein Interesse daran, solche Agenten einzusetzen, die durch eine relativ hohe Leistungsfähigkeit gekennzeichnet sind."[23] Hieraus ergibt sich eine deutliche Abhängigkeit des Spielers von dem Vermittler und eine eindeutige Verknüpfung mit den Eigenschaften des Spielervermittlers. Der Fussballspieler kann somit nur dann einen Fit zwischen den bestmöglichen sportlichen und finanziellen Bestandteilen seiner neuen Station ermöglichen, wenn er den Markt nach dem Vermittler sondiert, welcher am besten performt. Durch den Ruf, welchen der Vermittler auf dem Markt pflegt, hat der Spieler

---

[22] Voigt, S.: Institutionenökonomik, S. 103
[23] Fritsch, M. et al: Marktversagen und Wirtschaftspolitik (2003), S. 294

somit die Möglichkeit, die Handlungen des Vermittlers besser einschätzen zu können.

4.3.3 Verborgene Absichten (engl. = hidden intention)

Dieser Punkt ähnelt dem moralischen Risiko und dessen Bestandteilen in den opportunistischen Zügen des Agenten. Der Unterschied besteht jedoch darin, dass der Punkt der verborgenen Absichten in die Kategorie der ex ante-Aspekte eingeordnet wird. Hierdurch kann man jedoch aufgrund der Gleichheit der Problematik einen Übergang zu den ex post-Aspekten ableiten.

Der Grundsatz der verborgenen Absichten besteht darin, dass der Prinzipal „[...] Vorleistung in Form von irreversiblen Aufwendungen erbracht hat und sich aufgrund dieser spezifischen Investitionen in einer Abhängigkeit vom Agenten befindet, weil er nun auf dessen Leistung angewiesen ist."[24] Hierdurch entsteht wiederum ein Abhängigkeitsverhältnis und eine Kollision der Interessen ist sehr wahrscheinlich, sollte der Agent die opportunistische Möglichkeit dieser Konstellation ausnutzen. Prof. Dr. Michael Fritsch folgert daraus weiter: „Der Agent verfügt über die Möglichkeit, seine Leistung zum Schaden des Prinzipals zurückzuhalten und es besteht die Gefahr der opportunistischen Ausbeutung des Prinzipals durch den Agenten."[25] Somit wird ersichtlich, dass der Spieler die schwächere Partei ist.

4.3.4 Moralisches Risiko (engl. = moral hazard)

Dieser Aspekt bezieht den Markt, auf dem der Vermittler agiert, mit in die Problembetrachtung ein. Diesem Phänomen hat sich Voigt wiederum gewidmet und den Charakter dieses Bestandteils der Prinzipal-Agent-Theorie geschildert:

---

[24] Fritsch, M. et al: Marktversagen und Wirtschaftspolitik (2003), S. 295
[25] Fritsch, M. et al: Marktversagen und Wirtschaftspolitik (2003), S. 295

„Ein „moral-hazard-Problem" liegt vor, wenn der Prinzipal die Leistungsfähigkeit des von Ihm beschäftigten Agenten kennt [...] der Erfolg seiner Handlungen jedoch nicht nur vom Agenten selbst abhängt, sondern auch von anderen
Faktoren, die der Agent nicht beeinflussen kann."[26] Hierdurch kann der Vermittler seine Leistung gegenüber dem Spieler durch z.b. ein vorgeschobenes
Marktversagen „verschleiern" und seine verminderte Leistungsfähigkeit durch
die unbeeinflussbaren Mechanismen des Marktes rechtfertigen. Auch hier ist
somit eine Interessenkollision vorhanden, da der Vermittler seine Leistungsfähigkeit nach Vertragsschluss mit einem Verein aufgrund der kassierten Vergütung durch den Spieler vermindern kann. Der Vermittler hätte somit sein Ziel,
eine hohe Provision zu erhalten erreicht und verringert seine Bemühung bei
der Betreuung des Spielers. Der Spieler hingegen kann die Mechanismen des
Marktes nicht beurteilen und dadurch den Soll- und Istzustand der Performance des Beraters nicht einordnen. Hierzu passend ist auch der Begriff der
verbogenen Handlungen (engl. = hidden actions) bzw. verborgene Informationen (engl.- = hidden Informations). Diesen Zusammenhang der unterschiedlichen Begriffe hat auch Michael Fritsch et al in dem Buch „Marktversagen und
Wirtschaftspolitik" (2003) erkannt: „Kann der Prinzipal die Handlungen seines
Agenten nur unvollständig beobachten, so besteht die Gefahr, dass der Agent
unbemerkt vertraglich zugesicherte Handlungen unterlässt oder vereinba-
rungsgemäß zu unterlassende Handlungen vornimmt, die gegen Interessen
des Prinzipals verstoßen. Ein solches Verhalten ist insbesondere dann zu er-
warten, wenn der Agent durch sein Fehlverhalten seinen Nutzen erhöhen
kann. Insofern beschreibt der Begriff „verborgenen Handlungen" gleichartige
Sachverhalte wie der des „moralischen Risikos". Man kann diese Aspekte somit als „Unterformen des moralischen Risikos"[27] bewerten. Es handelt sich um

---

[26] Voigt, S.: Institutionenökonomik (2002), S. 104
[27] Furubotn ,E. / Richter, R.: Neue Institutionenökonomik (2003), S. 174

Probleme aufgrund von Informationsasymmetrien, die nach Vertragsschluss (ex post) auftreten."[28]

Hier wurde die Interessenkollision speziell dem Faktum der unterschiedlichen Informationsverteilung zugeordnet. Die Grundzüge dieser Aspekte sind in sich gleich, denn der Vermittler missbraucht seinen Informationsvorsprung, sei es u.a. durch eine Rechtfertigung beim Heranziehen des Marktes oder nur beim einfachen asymmetrischen Informationsvorsprung. Der Schaden, welcher der Spieler hat und die opportunistischen Möglichkeiten, welche sich dem Vermittler öffnen, definieren ein großes Ausmaß der Interessenkollisionen.

Diese Gefahren zeigen deutlich, inwiefern Wirtschaftsbeziehung Probleme, bedingt durch Informationsvorsprünge, verursachen können. Verbunden mit verschiedenen Interessen die verfolgt werden, besteht die Gefahr, dass der Informationsvorsprung zugunsten des Agenten missbraucht werden kann.

Um diese Gefahren einzudämmen bilden Normen und Gesetze den eigentlichen Schutz und eine feste, unumgängliche Basis, welche die schwächere Partei, die jeweils immer der Spieler bildet, zu schützen. Eben diese rechtlichen Schutzmechanismen werden im Folgenden herausgestellt.

---

[28] Fritsch, M. et al: Marktversagen und Wirtschaftspolitik (2003), S. 291

5. Rechtliche Schutzmechanismen

Um einen reibungslosen Ablauf der Spielervermittlung zu regeln, gilt es die von der FIFA und dem Staat erlassenen Gesetze zu beachten und zu befolgen. Hierbei ist es jedoch wichtig zwischen FIFA-Recht und staatlichem Recht zu unterscheiden, da das FIFA-Recht zwar anerkannt ist, jedoch die staatliche Gesetzgebung Vorrang hat. Die im Folgenden genannten Gesetze dienen der Vorbeugung und Vermeidung von Interessenkollisionen bei der Vermittlung von Spielern zu Vereinen. Hierdurch sollen die etwaigen Konfliktpotenziale schon im Voraus durch klare Richtlinien vermieden werden. Dabei ist jedoch ausdrücklich zu erwähnen, dass diese Gesetze die Handlungen der Marktteilnehmer lenken sollen, aber jedoch nicht zu 100 Prozent lenken können. Diese Gesetze bilden zwar einen unumstößlichen Leitfaden, jedoch bleibt es jeder Partei selbst überlassen, nach diesen Richtlinien zu handeln oder sich eben strafbar zu machen und somit die Wahrscheinlichkeit für Interessenkollisionen zu erhöhen.

5.1 Schutz vor Interessenkollisionen durch Einhaltung des FIFA-Ethikkodex der Spielervermittler

Jeder Spielervermittler muss vor Aushändigung der Lizenz, nach Bestehen der Prüfung, neben einer Berufshaftpflichtversicherung auch den Berufsethikkodex der FIFA für Spielervermittler unterschreiben.

Dieser regelt die Rechten und Pflichten für die Spielervermittlerbranche. Hierdurch wird ein moralischer Grundsatz festgelegt, wodurch Kollisionen von Interessen zwischen den Vermittlern vermieden werden und andere Parteien nicht mit hineingezogen werden können. Ein sich dadurch ausbreitender Flächenbrand durch falsche moralische Handlungen kann somit bei Beachtung der Richtlinien im Keim erstickt werden. In dem genannten Kodex steht folgendes geschrieben:

„1.   Der Spielervermittler ist verpflichtet, seine Tätigkeit gewissenhaft auszu-
üben und sich durch sein Verhalten in der Ausübung des Berufes und sein
sonstiges Geschäftsgebaren der Achtung würdig zu zeigen, die sein Beruf erfordert.

2.   Der Spielervermittler verpflichtet sich zur bedingungslosen Einhaltung der
Statuten, Reglemente, Weisungen und Entscheide der zuständigen Organe
der FIFA, der Konföderationen und der entsprechenden Verbände.

3.   Der Spielervermittler agiert sowohl gegenüber seinem Auftraggeber als
auch gegenüber seinen Verhandlungspartnern und Dritten stets nach der Mas-
sgabe von Wahrheit, Klarheit und Sachlichkeit.

4.   Der Spielervermittler wahrt nach Recht und Billigkeit das Interesse seines
Auftraggebers und schafft klare Rechtsverhältnisse.

5.   Der Spielervermittler respektiert stets die Rechte seiner Verhandlungs-
partner und Dritter. Insbesondere achtet er die Vertragsbeziehungen seiner
Berufskollegen und unterlässt jegliche Handlung, die dazu führen könnte, dass
er Auftraggeber von anderen abwirbt.

6. a)   Der Spielervermittler unterhält bezüglich seiner Geschäftstätigkeit ein
Mindestmass an Buchführung. Insbesondere hat er dafür zu sorgen, dass
seine Handlungen anhand von Dokumenten und sonstigen Akten jederzeit
nachvollzogen werden können.

b)   Er muss sämtliche Bücher pflichtgemäss führen und in den weiteren Aufzeichnungen die Geschäftsabläufe wahrheitsgetreu wiedergeben.

c)   Der Spielervermittler verpflichtet sich, in Disziplinarfällen und sonstigen
Streitigkeiten, die ihn betreffen, den mit der Untersuchung betrauten Behörden
auf Verlangen Bücher und Aufzeichnungen vorzulegen, die mit dem zu unter-
suchenden Fall in direktem Zusammenhang stehen.

d)   Der Spielervermittler legt seinem Auftraggeber auf Verlangen umgehend
eine Aufstellung seiner Honoraransprüche, Spesen und sonstigen Gebühren
vor.

7. Es ist dem Spielervermittler gemäss den FIFA-Statuten untersagt, Rechts-streitigkeiten vor ordentlichen Gerichten anhängig zu machen; stattdessen ist er verpflichtet, sich hinsichtlich jeglicher Ansprüche der Zuständigkeit des Ver-bands oder der FIFA zu unterwerfen.

Durch seine Unterschrift erklärt sich der Spielervermittler mit Obigem einverstanden.

Ort und Datum: ....

Spielervermittler: ....

Für den Verband: ....
(Stempel und Unterschrift)"[29]

In diesen Regularien sind sowohl die gewissenhafte und ehrliche Ausübung dieser Tätigkeit, sowie der Umgang zwischen Vermittlern geregelt. Der Ver-mittler ist folglich auch verpflichtet, Einnahmen und Ausgaben in Form der Buchführung zu dokumentieren und alle Ansprüche, welche er gegenüber dem Auftraggeber geltend machen kann, schriftliche festzuhalten.

Eben auch durch die von der FIFA vorgegebene Transparenz der Tätigkeit wird die Wahrscheinlichkeit für eintretende Interessenkollisionen verringert. Bei Nichteinhaltung dieser Vorschriften drohen dem Spielervermittler Konsequen-zen. Dieser werden in der folgenden Übersicht dargestellt:

---

[29] FIFA Spielervermittler-Reglement (2008) Anhang 1, S. 29

Abb. 3: Mögliche Sanktionen gegen Spielervermittler

SANKTIONEN	gegen Spieler-vermittler	gegen Spieler	gegen Vereine	gegen Verbände
Ermahnung Verweis	Ermahnung Verweis	Ermahnung Verweis	Ermahnung Verweis	Ermahnung Verweis
Geldstrafe	≥ 5.000 CHF	≥ 5.000 CHF	≥ 10.000 CHF	≥ 30.000 CHF
	Lizenzentzug bis 12 Monate	Spielsperre	Transfersperre	Wettbewerbs-ausschluss
	Lizenzentzug auf Dauer		Punktabzug	
	Verbot Tätigkeit im Fußball	Verbot Tätigkeit im Fußball	Zwangsabstieg	
Strafen einzeln bzw. kumulativ	Strafen einzeln oder kumulativ			nur einzeln!

Quelle: Prüfungsunterlagen zur Spielervermittlerprüfung von NZ Lehrveranstaltungen

In diesem Schaubild ist deutlich zu erkennen, dass die möglichen Sanktionen von einer Ermahnung bis hin zum Lizenzentzug und dem Verbot der Tätigkeit im Fußball reichen. Diese Strafen können einzeln oder kumuliert, d.h. aufaddiert ausgesprochen werden. Durch dieses Strafmaß sollen die Vermittler davor abgeschreckt werden, gegen jegliche Punkte im Ehrenkodex oder in den Statuten zu verstoßen.

5.2 Entstehung des Lohnanspruchs § 652 BGB

Da die Tätigkeit der Spielervermittlung einer Maklertätigkeit gleicht, gilt hierzu § 652 BGB, welcher den Lohnanspruch für Makler regelt. Hierbei ergibt sich ein wichtiger Interessengegensatz zwischen Spieler und Vermittler. Der Vermittler möchte eine Vergütung für seine Leistung erhalten, auch wenn es sich um einen nicht erfolgreichen Arbeitsaufwand handelt. Daraus lässt sich folgern, dass der Vermittler an einer Tätigkeitsvergütung interessiert ist. Die andere Partei hingegen, nämlich der Spieler oder der Verein, möchte nur bei Erfolg zahlen, folglich eine reine Erfolgsvergütung. Das Gesetz regelt diesen Interessenkonflikt folgendermaßen:

„(1) Wer für den Nachweis der Gelegenheit zum Abschluss eines Vertrags oder für die Vermittlung eines Vertrags einen Mäklerlohn verspricht, ist zur Entrichtung des Lohnes nur verpflichtet, wenn der Vertrag infolge des Nachweises oder infolge der Vermittlung des Mäklers zustande kommt. Wird der Vertrag unter einer aufschiebenden Bedingung geschlossen, so kann der Mäklerlohn erst verlangt werden, wenn die Bedingung eintritt.

(2) Aufwendungen sind dem Mäkler nur zu ersetzen, wenn es vereinbart ist. Dies gilt auch dann, wenn ein Vertrag nicht zustande kommt."[30]

In diesem Paragraph wird durch die Kernaussage geregelt, dass der Vermittler (Makler, Mäkler) die Provision infolge einer erfolgreichen Vermittlung bekommt. Das Gesetz regelt diesen Konflikt somit zugunsten des Spielers bzw. des Vereins, d.h. eine Erfolgsvergütung für den Vermittler. Wichtig hierbei ist der Nachweis, also die unbedingte Fixierung des Tatbestands in einem Vertrag. Auf die Aufgabe des Spielervermittlers übertragen bedeutet dies, dass der Agent bei erfolgreicher Vermittlung eines Spielers zu einem Verein (Unterschrift eines Arbeitsvertrags bei dem aufnehmenden Verein) eine Provision beanspruchen kann. Hierbei muss der Vermittler auch als Teil des Vermittlungsprozesses unbedingt im Vertrag festgehalten werden, um die Ansprüche auch geltend machen zu können. Absatz zwei regelt die Aufwendungen. Hierbei bedarf es einer Vereinbarung zwischen z.B. Vermittler und Spieler, sofern Aufwendungen entstehen sollten. Dadurch wird der Spieler eindeutig davor gewarnt, dass er auch im Fall einer erfolglosen Tätigkeit die Aufwendungen des Spielervermittlers schuldet.

---

[30] § 652 BGB

5.3 Verwirkung bzw. Herabsetzung des Vermittlerlohns §§ 654, 655 BGB

Eine weitere Ausführung des o.g. Punkts bildet § 654 BGB. Hier ist der Fall erfasst, falls der Vermittler der Gegenstand einer Interessenkollision war, indem er auch für die andere Partei in derselben Sache tätig war. Nachfolgend wird der Paragraph genauer ausgeführt: „Der Anspruch auf den Mäklerlohn und den Ersatz von Aufwendungen ist ausgeschlossen, wenn der Mäkler dem Inhalt des Vertrags zuwider auch für den anderen Teil tätig gewesen ist."[31] Hieraus lässt sich ableiten, dass der Vermittler keinen Anspruch auf die Provision hat, wenn er nicht nur den Spieler sondern auch den Verein bei der Transfer- bzw. Vertragsverhandlung vertreten hat und dieser Sachverhalt in dem Vertrag ausgeschlossen ist bzw. die Möglichkeit dieser Doppelvertretung nicht explizit genannt wurde. Denn in diesem Fall wissen weder der Verein noch der Spieler, in wessen Interesse der Spielervermittler überhaupt tätig wird. Ebenso kann der Lohn nach § 655 BGB herabgesetzt werden, wenn dieser unverhältnismäßig hoch ausfällt. In § 655 ist dieser Sachverhalt folgendermaßen festgelegt:

„Ist für den Nachweis der Gelegenheit zum Abschluss eines Dienstvertrags oder für die Vermittlung eines solchen Vertrags ein unverhältnismäßig hoher Mäklerlohn vereinbart worden, so kann er auf Antrag des Schuldners durch Urteil auf den angemessenen Betrag herabgesetzt werden. Nach der Entrichtung des Lohnes ist die Herabsetzung ausgeschlossen."[32] Hierdurch wird nicht nur der Verein geschützt, es wird auch die Schutzbedürftigkeit der Spieler noch einmal hervorgehoben. Das Gesetz versucht dadurch auch die verschiedenen Informationsasymmetrien in deren vollen Entfaltung ex post (= im Nachhinein) zu verhindern und den Effekt in einem überschaubaren Maß einzudämmen.

---

[31] § 654 BGB
[32] § 655 BGB

Dies wird vor allem dann relevant, wenn der Spieler aufgrund der Information-
sasymmetrie nicht in der Lage war, die Unverhältnismäßigkeit ex ante (= beim
Vertragsschluss bzw. davor) zu erkennen.

5.4 Schutz beim Vertragsabschluss: Schriftformzwang § 296 SGB III, § 126 BGB

Die in Punkt 4.1 angesprochene vertragliche Fixierung bildet im Folgenden den
Kernpunkt dieser Feststellung. Das dritte Buch des Sozialgesetzbuchs regelt
im Kapitel der Arbeitsförderung diesen Tatbestand. In § 296 Abs. 1 (Vermittlungsvertrag zwischen Vermittlern und Arbeitsuchenden) lautet folgendermaßen:

„(1) Ein Vertrag, nach dem sich ein Vermittler verpflichtet, einer oder einem
Arbeitsuchenden eine Arbeitsstelle zu vermitteln, bedarf der schriftlichen Form.
In dem Vertrag ist insbesondere die Vergütung des Vermittlers anzugeben. Zu
den Leistungen der Vermittlung gehören auch alle Leistungen, die zur Vorbe-
reitung und Durchführung der Vermittlung erforderlich sind, insbesondere die
Feststellung der Kenntnisse der oder des Arbeitsuchenden sowie die mit der
Vermittlung verbundene Berufsberatung. Der Vermittler hat der oder dem Ar-
beitsuchenden den Vertragsinhalt in Textform mitzuteilen."[33]

Hier wird die Ausführung des Vertrags in schriftlicher Form explizit genannt
(siehe auch § 126 BGB), sowie auch ein Bestandteil des Vertrags, nämlich die
Vergütung, worauf im folgenden Punkt genauer eingegangen wird. Gemäß §
296 Abs. 3 Satz 2 SGB III wird auch die beim Maklervertrag grundsätzlich still-
schweigend vereinbarte Vergütung nach § 653 BGB abgeschafft. Dadurch wird
der Spielervermittler zur Offenlegung seiner Vergütung gezwungen. Der Spieler erlangt hierdurch einen rechtlichen Schutzmechanismus durch Publizität

---

[33] § 296 Abs. 1 SGB III

der Vergütung. Zusätzlich definiert dieser Paragraph auch die Leistungen, welche der Vermittler beim Vermittlungsprozess zu bewerkstelligen hat. Die Pflicht dieser Person ist es, auch alle Leistungen zu berücksichtigen und zu erbringen, welche hierfür nötig sind. Hierbei handelt es sich u.a. um die Feststellung der Kenntnisse des Arbeitssuchenden, welche man, auf die Berufsgruppe des professionellen Leistungssportlers im Fussball übertragen, mit der Feststellung von Andreas Parensen in dem Buch Sportmanagement von Galli et al (2012) vergleichen kann. Dieser spricht von einem „optimalen Fit zwischen den Vorstellungen und Erwartungen von Verein und Spieler basierend auf einem intensiven und systematischen Scouting"[34] von Spielervermittlerseite. Verglichen mit dem Paragraph 296 SGB stehen diese Aussagen in einem Verhältnis, da auch der Vermittler in diesem Fall die Fähigkeiten seines Klienten richtig einschätzen und analysieren muss, um diesen effektiv und erfolgreich an einen passenden Verein zu vermitteln, um diesen „optimalen Fit" und die Voraussetzungen des Gesetzes zu erfüllen.

Neben den o.g. Punkten haben diese zwei Paragraphen auch zwei weitere wichtige Funktionen: Die Warnfunktion und die Beweisfunktion. Die Warnfunktion einerseits wird dadurch erkenntlich, dass der Spieler vor einem schwerwiegenden Vertragsschluss gewarnt wird, welcher seine ganze Laufbahn beeinflussen kann, indem er den Vertrag eigenhändig unterschreiben muss.

Die Beweisfunktion zeigt sich dadurch, dass der Vertragsinhalt und die Einwilligung der Parteien nachgewiesen werden kann und somit für eine umfassende gerichtliche Kontrolle zugänglich sind.

---

[34] Galli, A. et al: Sportmanagement (2012), S. 667

5.5 Schutz vor Interessenkollisionen bei Ausschluss der Doppelvertretung

Um u.a. die negativen Auswirkungen der Prinzipal-Agent-Theorie und die Ausspielung der Macht eines Spielervermittlers zu verhindern, welcher für beide Parteien verhandelt, ist in dem Spielervermittlerreglement von der FIFA (2008) unter Artikel 19, Nr. 8 folgender Sachverhalt geschrieben: „Jegliche Interessenkonflikte sind von den Spielervermittlern zu vermeiden. Bei der Ausübung der Tätigkeit eines Spielervermittlers darf der Spielervermittler nur die Interessen einer Partei vertreten. Insbesondere ist es einem Spielervermittler untersagt, Vermittlungsverträge, Kooperationsvereinbarungen oder gemeinsame Interessen mit einer der anderen Parteien oder mit einem der Spielervermittler einer der anderen am Transfer des Spielers oder am Abschluss des Arbeitsvertrags beteiligten Parteien zu haben."[35]

Bei dem Fokus auf die Doppelvertretung werden somit in Anlehnung an § 654 BGB im Vorhinein sich anbahnende Interessenkonflikte von Seiten des Spielers und/oder des Vereins ausgeschlossen, da der Vermittler durch die Involvierung in die Verhandlungsprozesse Seitens des Vereins und des Spielers über Informationen verfügen würde, mit welchen er seinen Standpunkt gegenüber seinen Auftraggebern ausspielen könnte.

Hierdurch wird im Gegensatz zu § 654 BGB diese Möglichkeit direkt ausgeschlossen, da hier nicht Bezug zu dem Vertragsinhalt genommen wird.

5.6 Regelung der Vergütungsempfängnis

Ergänzend zu § 652 BGB ist in dem Spielervermittlerreglement der FIFA geregelt, welche Partei den Vermittler zu bezahlen hat. Hierbei wird explizit der Auftraggeber, folglich der Leistungsempfänger, als Partei genannt, welche den

---

[35] FIFA Spielervermittler-Reglement (2008) Art. 19 Nr. 8 und 2, S. 16

Vermittler bezahlen muss. Die FIFA hat diesen Grundsatz folgendermaßen ausgedrückt: „4. Im Vermittlungsvertrag ist ausdrücklich anzugeben, wer für die Bezahlung des Spielervermittlers zuständig ist und in welcher Weise diese erfolgt. [...] Die Zahlung erfolgt ausschließlich durch den Auftraggeber des Spielervermittlers direkt an den Spielervermittler. Nach Abschluss der betreffenden Transaktion kann der Spieler allerdings den Verein schriftlich dazu ermächtigen, in seinem Namen eine Zahlung an den Spielervermittler zu leisten. Die für den Spieler geleistete Zahlung muss den zwischen dem Spieler und dem Spielervermittler vereinbarten allgemeinen Zahlungsbedingungen entsprechen."[36]

Hierbei lässt die FIFA jedoch die Möglichkeit offen, dass der Spieler durch eine schriftliche Ermächtigung die Schuld gegenüber dem Vermittler an den Verein abtreten kann. Somit ist der Verein verpflichtet, dem Vermittler die ausstehende Provision zu bezahlen. Wichtig ist jedoch, dass laut FIFA die fixierten Vertragsinhalte und Zahlungskonditionen berücksichtigt werden. Jedoch ist auch zu beachten, dass der Vermittler auch von dem Verein beauftragt werden kann, wodurch von Beginn an geklärt ist, von welcher Partei der Vermittler die Vergütung in Anspruch nimmt.

5.7 Vergütung des Spielervermittlers bei Spieler-Vermittler-Beziehung

In dem FIFA Spielervermittler-Reglement (2008) ist unter Artikel 20 die Vergütung des Spielervermittlers geregelt. Hierbei gilt es jedoch zwischen einem Vermittler, der von dem Spieler eingeschaltet wurde und einem Vermittler, welcher von dem Verein eingeschaltet wurde, zu unterscheiden. Wird ein Spielervermittler von einem Sportler für den Vermittlungsprozess eingeschaltet, so muss sich der Vermittler mit dem jeweiligen Spieler über die Höhe einigen.

---

[36] FIFA Spielervermittler-Reglement (2008) Art. 19 Nr. 4 und 2, S. 15

Hierzu steht in dem FIFA Spielervermittler-Reglement (2008) Art. 20 Nr.1 und Nr.2 folgendes:

„1. Die Vergütung, die dem mit der Vertretung eines Spielers beauftragten Spielervermittler geschuldet wird, berechnet sich auf Grundlage des Jahres-bruttogrundgehalts des Spielers, einschließlich jeglichen Handgelds, das vom Spielervermittler im Arbeitsvertrag für ihn ausgehandelt wurde. Dieser Betrag beinhaltet keine sonstigen dem Spieler zustehenden Zusatzleistungen wie Auto, Wohnung, Punkteprämien und/oder Bonuszahlungen oder Sonderrechte jeglicher Art, die nicht garantiert sind.

2. Der Spielervermittler und der Spieler einigen sich im Voraus darüber, ob der Spieler seinem Spielervermittler die Vergütung durch eine einmalige Zahlung zu Beginn der Laufzeit des vom Spielervermittler für den Spieler ausgehandel-ten Arbeitsvertrags bezahlt oder ob eine jährliche Abrechnung jeweils am Ende eines Vertragsjahres erfolgt."[37]

Der Vermittler darf also einen Teil des Handgeldes inkl. des Bruttogehalts des Spielers als Provision beanspruchen. Zusatzleistungen, wie diese oben ge-nannt werden, sind für die Berechnung der Provision irrelevant.

Auch die Art der Zahlung, ob gestückelt in monatlichen Raten oder als Einmal-zahlung, gilt es zu vereinbaren. Die Rahmenbedingungen der Provision zwi-schen Spieler und Vermittler, sowie sind durch die FIFA eindeutig geklärt. Je-doch muss man für die genaue Höhe das staatliche Recht miteinbeziehen.

5.8 Höhe der Vergütung des Spielervermittlers bei Spieler-Ver-mittler-Beziehung

Die genaue Höhe der in Punkt 4.2. behelligten Beziehung wird von § 138 BGB und der Verordnung über die Zulässigkeit der Vereinbarung von Vergütungen

---

[37] FIFA Spielervermittler-Reglement (2008) Art. 20 Nr. 1 und 2, S. 16

von privaten Vermittlern mit Angehörigen bestimmter Berufe und Personen-gruppen (Vermittler-Vergütungsverordnung, Juni 2002) bestimmt. Die äu-ßerste Grenze der Vergütung steckt § 138 BGB ab, der Paragraph beugt der Interessenkollision, welche dadurch definiert wird, dass der Vermittler einen möglichst hohen Prozentsatz von der Vergütung, welche dem Spieler zusteht, möchte und der Spieler komplementär dem Vermittler einen möglichst gerin-gen Anteil zahlen will:

„(1) Ein Rechtsgeschäft, das gegen die guten Sitten verstößt, ist nichtig.

(2) Nichtig ist insbesondere ein Rechtsgeschäft, durch das jemand unter Aus-beutung der Zwangslage, der Unerfahrenheit, des Mangels an Urteilsvermö-gen oder der erheblichen Willensschwäche eines anderen sich oder einem Dritten für eine Leistung Vermögensvorteile versprechen oder gewähren lässt, die in einem auffälligen Missverhältnis zu der Leistung stehen."[38] Die Sitten-widrigkeit steckt somit den Rahmen ab, die genauere Ausführung beschreibt die Vermittler-Vergütungsordnung (2002). Hierzu zählt auch die Tätigkeit der Spielervermittler:

„Berufe und Personengruppen

Für die Vermittlung in eine Tätigkeit als

1. Künstler, Artist,

2. Fotomodell, Werbetyp, Mannequin und Dressman,

3. Doppelgänger, Stuntman, Discjockey,

4. Berufssportler

dürfen mit dem Arbeitnehmer Vergütungen vereinbart werden, die sich nach dem ihm zustehenden Arbeitsentgelt bemessen."[39]

Punkt vier bei Paragraph eins bestätigt die Relevanz des Gesetzes für die Spielervermittler. Für die genaue Höhe des Entgelts sind Absatz eins und zwei von Paragraph zwei relevant. Hierbei wird der genaue Prozentsatz festgelegt:

---

[38] § 138 BGB
[39] § 1 Vermittler-Vergütungsordnung (2002)

„(1) Die Vergütung einschließlich der auf sie entfallenden Umsatzsteuer darf 14 vom Hundert des dem vermittelten Arbeitnehmer zustehenden Arbeitsentgelts nicht übersteigen. Bei der Vermittlung in Beschäftigungsverhältnisse mit einer Dauer von mehr als zwölf Monaten darf die Vergütung einschließlich der auf sie entfallenden Umsatzsteuer insgesamt 14 vom Hundert des dem vermittelten Arbeitnehmer zustehenden Arbeitsentgelts für zwölf Monate nicht übersteigen.

(3) Die nach den Absätzen 1 und 2 zulässige Höhe der Vergütung darf auch dann nicht überschritten werden, wenn der Vermittler bei der Vermittlung mit einem anderen Vermittler zusammenarbeitet."[40]

Absatz eins reguliert die Höhe auf „14 vom Hundert des dem vermittelten Arbeitnehmer zustehenden Arbeitsentgelts", folglich 14% des Bruttogehalts des Berufssportlers. Dauert der Arbeitsvertrag des Spielers länger als zwölf Monate, so darf der Prozentsatz im ersten Jahr die Grenze von 14 % nicht übersteigen.

Auch, wenn zwei Vermittler zusammenarbeiten, darf die oben genannte Grenze nicht überschritten werden. In Absatz drei wird dieser Möglichkeit entgegengearbeitet.

Kombiniert man somit die FIFA-Richtlinie mit der Staatlichen, so darf ein Spielervermittler maximal bei einem neuen Engagement von einem Spieler bei einem Verein maximal 14% von dem Handgeld und dem Bruttogehalt des Berufssportlers fordern.

5.9 Höhe der Vergütung des Spielervermittlers bei Verein-Vermittler-Beziehung

Anstatt einer Spieler-Vermittler-Beziehung ist auch das Konstrukt möglich, dass der Vermittler von dem Verein eingeschaltet wird. Hierdurch kann der

---

[40] § 2 Abs.1 und 3 Vermittler-Vergütungsordnung (2002)

Vermittler die Möglichkeit beanspruchen, von dem Verein eine Provision zu erhalten. Das FIFA-Reglement hat auch für diesen Fall eine Richtlinie erlassen: „Einem Spielervermittler, der von einem Verein beauftragt wird, werden seine Dienste vom Verein durch eine einmalige, vorab vereinbarte Zahlung vergütet."[41] Galli hat in dem Buch „Sportmanagement" (2012) festgestellt, dass diese Möglichkeit in Form von einer Beteiligung an der Transfersumme stattfindet oder die Beteiligungen an Vergütungen, welche vom Verein an den Spieler gezahlt werden.[42] Hierdurch verfällt jedoch der Charakter der gesetzlichen Regelung und Normung, da durch diese individuell vereinbarte Zahlungen der Kontrollmechanismus umgangen werden kann. So besteht für Vermittler die Chance, einen höheren Profit zu generieren. Des Weiteren kann der Vermittler diese Chance nutzen, für den Verein Geschäfte mit Spielern einzufädeln, welche jedoch von einem anderen Berater vertreten werden. Hierdurch bereichert sich der Spielervermittler somit als Kontaktmann und es besteht die Möglichkeit, dass die ethischen Grundsätze des der FIFA bezüglich der Spielervermittler verletzt werden, da die Ansprache des Spielers von einem vom Verein beauftragten Vermittlers unter einen Abwerbungsversuch zu Ungunsten des aktuellen Vermittlers des Spieler fallen kann.

Dieser Fall ist jedoch in der Realität die Norm. So werden gut vernetzte und etabliert Vermittler immer von den Vereinen beauftragt bzw. bei guter Leistung ihrer Schützlinge von den Vereinen angesprochen und somit beauftragt die Spieler dem Verein vorzustellen oder im Interesse des Vereins mit dem Spieler zu verhandeln.

5.10. Kick-Back-Vergütungen

Ein weiteres Instrument, welches für die Vermeidung von Interessenkollisionen dient, sind die sogenannten Kick-Back-Vergütungen oder Rückvergütungen.

---

[41] FIFA Spielervermittler-Reglement (2008) Art. 20 Nr. 5, S. 16
[42] Galli, A. et al: Sportmanagement (2012), S. 660

Die Rechtsanwaltsgesellschaft Dr. Stoll und Kollegen GmbH beschreibt die Kick-Back-Vergütungen folgendermaßen: „Als Kick-Back wird die Rückvergütung oder Provision eines Teils des gezahlten Betrages aus einem Geschäfts mehrerer Beteiligter durch einen Beteiligten an einen anderen Beteiligten bezeichnet." Dies bedeutet, dass eine Person, welche bei einem zustande gekommen Transfer beteiligt war, bspw. einen Teil des Beraterhonorars verdeckt gezahlt bekommt. In einem Interview vom 05.05.2012, welches das Handelsblatt mit den Beratern von Lukas Podolski (FC Arsenal London) führt, Kon und Sandro Schramm, wird ein Szenario dargestellt wie diese Zahlungen zustande kommen: „Die Rede ist immer wieder von Kick-Back-Zahlungen: Vereinsmitarbeiter, die einen Transfer unterstützen, erhalten über Umwege einen Teil der Beraterhonorare."[43] Dieses Schaubild lässt sich auch auf die Beteiligung von anderen, externen Vermittlern übertragen. So können beispielsweise mehrere Berater oder Spielervermittler aufgrund von komplexer Netzwerkarbeit, welche z.b. ein Transfer eines Spielers ins Ausland oder gar auf einen anderen Kontinent erfordert, von diesen Zahlungen profitieren. Solche Zahlungen sind in der Tat auf der einen Seite ein Mittel gegen Interessenkollisionen, denn sobald ein Berater oder Vermittler an einem Transfer beteiligt ist, welchen er durch seine Unterstützung ermöglicht, will dieser auch dementsprechend entlohnt werden. Dieser Anspruch ist legitim aber jedoch ist noch zu prüfen, ob diese Art der Zahlung rechtens ist. Dr. Stoll und Kollegen haben den o.g. Punkt nachfolgend definiert: „Der BGH entschied in einem Grundsatzurteil vom 19. Dezember 2006 (XI ZR 56/05), dass Fondsvermittler dazu verpflichtet sind ihre Anleger über Kick-Back Zahlungen (Provisionen, Rückvergütungen) aus Ausgabeaufschlägen und Verwaltungskosten aufzuklären. Diese Ansicht begründet der BGH dahingehend, dass die Aufklärung über die Rückvergütung/Provi-

---

[43] http://www.handelsblatt.com/sport/fussball/nachrichten/spielerberater-sandro-und-kon-schramm-ueber-kick-back-zahlungen-beraterbeteiligungen-private-investoren/6584184-2.html (Zugriff 18.01.2014 15:10)

sion/Kick-Back Zahlung notwendig ist, um dem Kunden einen insofern beste-
henden Interessenkonflikt der Bank offenzulegen. Nur durch diese Offenlegung wird der Kunde in die Lage versetzt, das Umsatzinteresse der Bank selbst
einzuschätzen. Kann er dies wie bei der verdeckten Kick-Back Zahlung (Rückvergütung, Provision) nicht richtig einschätzen, dann kann er auch nicht beurteilen, ob die Bank ihm die Anlage nur deswegen empfiehlt, weil sie selbst daran verdient."[44] Dieses Urteil ist zwar auf die Finanzbranche bezogen, lässt
sich jedoch auch auf die Spielervermittlerbranche übertragen. So kann es nämlich auch der Fall sein, dass durch Rückvergütungen Interessenkollisionen ge-
schürt werden, da z.b. ein Vermittler eine höhere Provision in Form einer Ein-
malzahlung oder Beteiligung an der Ablöse bekommt, wenn der diesen Spieler
zu dem dementsprechenden Verein lotst. Hierdurch besteht die Gefahr, dass
der Berater/Vermittler den opportunistischen Gedanken fasst und die finanzi-
elle Entschädigung über die sportliche Perspektive des Spielers stellt.

Die Rückvergütungen fallen somit mit in die Grauzone der Vergütung bei einer
Verein-Vermittler-Beziehung, es liegt somit auch an der Arbeitsweise des Vermittlers, dass er seinem Spieler die Provisionen, welche er bei einem Wechsel
zu dem jeweiligen Verein generieren kann, offenlegt.

---

[44] http://www.dr-stoll-kollegen.de/kick-back-zahlungen-rueckverguetungen-provisionen-einer-bank
(Zugriff: 18.01.2014 15:24)

6. Tatsächliche Schutzmechanismen

In Verbindung mit den Lösungsansätzen, welche die Prinzipal-Agent-Theorie darstellt, lassen sich folgende tatsächliche Schutzmechanismen ableiten und konkretisieren. Es ist jedoch klarzustellen, dass diese Mechanismen Interessenkollisionen vermeiden können, jedoch keine 100-prozentige Garantie gewährleisten können.

6.1. Screening

Der Ansatz des Screenings, welches in der deutschen Sprache etwa mit „auf den Bildschirm bringen" übersetzt werden kann, beschreibt die Möglichkeit, dass der Spieler sich im Vorhinein (ex ante) oder während der Performance des Spielervermittlers, Informationen über diesen und dessen Verhandlungsstand einholt. Hierzu besteht für den Spieler die Möglichkeit, bspw. bei anerkannten Spielervermittler-Vereinigungen Informationen über den Vermittler einzuholen welche ein Indikator für dessen Seriosität und Reputation darstellen. Wichtig ist es, durch die eingeholten Informationen, die Eigenschaften des Vermittlers zu erkennen, um etwa ein opportunistisches Fehlverhalten zu Ungunsten des Spielers zu verhindern. Kam es bereits zu einem Engagement, besteht für den schwächeren Akteur (Spieler) auch die Möglichkeit, eine Person einzuschalten, welche die Tätigkeit des Vermittlers überwacht. Hierzu kann sich der Fussballer bspw. mit dem Vermittler einigen, dass ein Elternteil bei einer Verhandlung dabei ist.

6.2. Signaling

Ein andere Möglichkeit stellt das Signaling (engl. = signalisieren) dar. Hierunter versteht man, dass bei der Anbahnung eines Engagements mit einem Spielervermittler, der Auftraggeber (Spieler) das Signal von z.B. hoher Reputation des

Vermittlers (ähnlich wie beim Screening) wahrnimmt und überprüft. Des Weiteren kann auch der Vermittler dem Spieler Informationen über den Stand der Verhandlungen oder über die interessierten Vereine bereitstellen. Hierdurch setzt dieser auch ein Signal in Richtung des Spielers, dass er durch ein transparentes Handeln versucht, dem Auftraggeber eine Übersicht über den Markt und die interessierten Vereine zu geben. Dadurch wird erreicht, dass der Spielervermittler aufgrund der möglichen Kontrolle durch den Spieler opportunistisches Handeln höchstwahrscheinlich unterlässt.

6.3. Elternteil des Spielers / Spielertypen

Ein weiterer Schutzmechanismus stellen die Eltern bzw. die vertrauten Personen des Spielers sowie die verschieden Charakterausprägungen des Spielers dar. Als ein kleiner Bestandteil des Screenings kann man die Eltern als Schutzmechanismus betrachten. So ist durch z.B. Hinzunahme der Eltern bei Vertragsschluss mit dem Spieler gewährleistet, dass auch eine weitere Partei, welche hauptsächlich für das Wohl und die Interessen des Spielers verantwortlich ist, in die Verhandlung involviert. Somit besteht die Möglichkeit, nachfolgende Interessenkollisionen einzudämmen, da die Eltern einerseits die Vorgehensweise des Agenten somit besser kennen und einschätzen können und bei Ansprache des Spielers durch mehrere Agenten ihren Sohn auch bei der Wahl des richtigen Agenten beraten können. Hierbei wird das Feld wie bei den verschiedenen Spielertypen für die Agenten aufgeteilt. Denn auch nicht jeder Agent passt zu jedem Spieler. Durch zusätzlich verschiedene Charaktertypen entsteht somit in diesem Feld eine Diversifikation (Auffächerung) wodurch dieser Bereich noch einmal unterteilt und die Gefahr der Interessenkollisionen sinkt, da somit nicht alle Spielervermittler im selben Teil des Marktes agieren können.

6.4. Reputation

Eng verflechtet mit den o.g. Schutzmechanismen ist die Reputation des Agenten. Sie bildet einen der stärksten tatsächlichen Schutzmechanismen in diesem Geschäft. Durch seriöses Arbeiten und Verhandeln kann der Vermittler durch seinen Ruf nicht nur Aufträge von Spielern generieren sondern auch Interessenkollisionen durch das Handeln verringern. Die Reputation dient dahingehend als Schutz, da der Spieler sich über das Signaling ein Bild von der Reputation und somit auch von der Qualität der Arbeit des Agenten machen kann. Hohe Qualität steht für Zufriedenheit von Spielern und Vereinen, welche mit dem Vermittler schon zusammengearbeitet haben. Dadurch kann der potentielle Auftraggeber folgern, dass auch die angedachte Zusammenarbeit mit dem Vermittler von Zufriedenheit und höchster Qualität geprägt sein wird. Wohingegen die Beauftragung eines Vermittlers mit geringerer Reputation oder zweifelhaftem Ruf die Wahrscheinlichkeit für eine Interessenkollision erheblich steigern lässt, da dieser den bei der Prinzipal-Agent-Theorie festgestellte Informationsvorsprung seitens des Agenten für opportunistische Zwecke wohl schon bei früheren Verhältnissen ausgenutzt hat.

Andreas Parensen beschreibt diesen Schutzmechanismus in dem Buch Galli, A. et al: Sportmanagement (2012) als nachhaltigsten. Er beschreibt das Ergebnis von der auf hohe Reputation ausgelegten Arbeit der Vermittler folgendermaßen: „Sie (die Berater/Vermittler, Anm. des Verfassers) werden häufiger Berücksichtigung bei Anfragen für Spielerakquisitionen von Vereinen finden und besser in der Lage sein, ein umfangreiches Portfolio von Spielern und damit Marktanteile zu akquirieren."[45] Dadurch ist auch der Marktdruck für die Vermittler ein Schutzmechanismus, da dieser die Berater dazu drängt, durch seriöses Arbeiten und durch die Vermeidung von Interessenkollisionen Spieler zu akquirieren, wodurch diese Berater auch ihren Lebensunterhalt verdienen.

---

[45] Galli,A. et al: Sportmanagement (2012), S. 667

6.5. Vertrauensbasis

Der stärkste Schutzmechanismus stellt das Vertrauen dar. Durch mehrmals erfolgreiche Geschäfte mit z.B. einem Vermittler, steigt die Wahrscheinlichkeit, dass bei Bedarf (von Seiten des Vereins aus) wieder der gleiche Vermittler eingeschaltet wird. Auf die Spieler-Vermittler-Ebene übertragen wird auch der Spieler, welcher mit der Betreuung des Beraters zufrieden ist, weiterhin diesem Vertrauen. Durch diese Basis und den Erfahrungen, welche dieses Handeln bestätigen, sinkt die Wahrscheinlichkeit für Interessenkollisionen erheblich. Der Verein bzw. der Spieler weiß somit genau, wie der Berater verhandelt und arbeitet sowie der Berater das Verhalten des Spielers und des Vereins genau beurteilen kann. Somit lassen sich auch schwierige Fälle, wie der Fall der Vertragsverhandlung einfach lösen, da der eingeschaltete Vermittler sowohl dem Verein als auch dem Spieler bekannt ist. In diesem Punkt bündeln sich alle vorher genannten Schutzmechanismen, da durch das „Kennen" des Agenten die Punkte des Screening und Signaling vereint werden und folglich auch die Reputation des Spielervermittlers in den Augen des Vereins und des Spielers wertgeschätzt wird. Die Komplettierung des Feldes stellen die Eltern dar, so sollte der Vermittler doch bei z.B. erstmaligem Vertragsgespräch mit dem Spieler ein Elternteil dazu eingeladen haben um die Seriosität seiner Handlungen auszudrücken.

7. Fazit

In dieser wissenschaftlichen Arbeit lässt sich abschließend festhalten, dass dem Erwerb der Lizenz ein komplexes Verfahren vorausgeht, welches versucht, unpassende Personen herauszufiltern, da das Geschäft mit den Spielern sehr sensibel ist. Generell ist der Markt der Vermittler sehr umkämpft, wenn man bedenkt, dass neben den vielen Lizenzinhabern auch Anwälte, Verwandte und Personen ohne Lizenz in diesem Markt tätig sind. Aufgrund des hohen Profits, welchen man mit erfolgreichen Transfers als Vermittler generieren kann, werden immer mehr Berater auf diesen Markt drängen, mit oder ohne Lizenz. Jedoch sollte die Lizenz immer als Bewertungsmaßstab herangezogen werden, wodurch eine höhere Transparenz sichergestellt werden kann.

Aufgrund der Erläuterung der theoretischen Grundlage, der Prinzipal-Agent-Theorie, wurden die relevanten Gefahren dargestellt. Die Gefahr des Missbrauchs von Informationen zur Manipulation von Transfers ist besonders in diesem Geschäft seitens der Agenten sehr einfach. Die daraus resultierenden Formen des Missbrauchs zeigen wiederum die Sensibilität beim Umgang mit den Karrieren der Spieler, wodurch die Lizenz als selektives Element sehr wichtig ist.

Der Ethikkodex der FIFA seitens der Gesetze ist unerlässlich und bietet durch die Unterstellung der FIFA durch die Lizenz eine schnelle Urteilsfindung bei rechtswidrigen Handlungen, wodurch die träge staatliche Rechtsfindung umgangen werden kann, da das Vermittlergeschäft schnelllebig ist und schnelle Urteilsfindungen benötigt. Die staatlichen Gesetze unterstützen die von der FIFA erlassenen Richtlinien, steuern besonders bei der Vergütung die Höchstgrenzen und definieren die zu beachtenden Punkte bei z.B. einer Vertragsgestaltung.

Dennoch zeigt die Herausstellung der tatsächlichen Schutzmechanismen, dass diese Branche auch durch Vorgänge abseits der niedergeschriebenen

Gesetze und Richtlinien gesteuert wird. So spielen die Reputation und die Referenzen eine wichtige Rolle. Aufgrund der Sensibilität der Vorgänge bei einem Transfer sind ein ausgeprägtes Netzwerk und Kontakte zu Manager und anderen Berater sehr wichtig.

Zusammenfassend bieten die rechtlichen und tatsächlichen Schutzmechanismen eine solide Basis, um bei konsequenter Durchsetzung (z.b. nur Vermittler mit Lizenz zu kontaktieren) der Branche ein höheres Maß an Seriosität einzubringen. Jedoch muss dabei beachtet werden, dass einige Gesetze auch einfach umgangen werden können (Kick-Back). Des Weiteren muss beachtet werden, dass in jedem Bereich, in welchem hohe Profite so einfach erzielt werden können, viele zwielichtige Personen eindringen, welche den Markt zunehmend verwässern. Zusätzlich zu den bereits agierenden Personen ohne Lizenzen und fundamentales Wissen.

8. Literaturverzeichnis

- **Dejure.org (2014):** Gesetze und Rechtsprechung im Internet, § 296 Abs. 1 SGB III; URL: http://dejure.org/gesetze/SGB_III/296.html (Stand: 22.01.2014)

- **Deutscher Fussball-Bund e.V. (2014):** DFB Lizenzierungsvorrausetzungen und Verfahren I, Nr.1 Absatz a – c; URL: http://www.dfb.de/?id=504345 (Stand: 20.01.2014)

- **Deutscher Fussball-Bund e.V. (2014):** DFB Lizenzierungsvorrausetzungen und Verfahren I Nr.2; URL: http://www.dfb.de/?id=504345 (Stand: 20.01.2014)

- **Deutscher Fussball-Bund e.V. (2014):** DFB Lizenzierungsvorrausetzungen und Verfahren I Nr.3; URL: http://www.dfb.de/?id=504345 (Stand: 20.01.2014)

- **Deutscher Fussball-Bund e.V. (2013):** DFB Lizenzierungsvorrausetzungen und Verfahren I Anmeldeformular; URL: http://www.dfb.de/?id=504345 (Stand: 09.01.2014)

- **Dr. Stoll & Kollegen Rechtsanwaltsgesellschaft mbH (2014):** Lexikon, Kick-Back Zahlungen / Rückvergütungen / Provisionen einer Bank, URL: http://www.dr-stoll-kollegen.de/kick-back-zahlungen-rueckverguetungen-provisionen-einer-bank (Stand: 18.01.2014)

- **Döring, U. / Führich, E. / Klunzinger, E. / Oehlrich, M. / Richter, T. (2011):** Aktuelle Wirtschaftsgesetze 2011, Die wichtigsten Wirtschaftsgesetze für Studierende (Stand Oktober 2010). 3. Auflage. Franz Vahlen: München

- **Elter, V-C. / Galli, A. / Gömmel, R. / Holzhäuser, W. / Straub, W. (Hrsg.) (2012):** Sportmanagement, Finanzierung und Lizenzierung; Rechnungswesen, Recht und Steuern; Controlling, Personal und Organisation; Marketing und Medien. 2. Auflage. Franz Vahlen: München, S.667

- **Fédération Internationale de Football Association (FIFA, 2008):** Spielervermittler-Reglement, S. 4-29

- **Fédération Internationale de Football Association (FIFA, 2014):** Liste der Spielervermittler, URL: http://de.fifa.com/aboutfifa/organisation/footballgovernance/playeragents/list.html (Stand: 11.01.2014)

- **Fritsch, M. / Wein, T. / Ewers, H-J. (2003):** Marktversagen und Wirtschaftspolitik. 5. Auflage. Franz Vahlen: München, S. 291-297

- **Furubotn, E. / Richter, R. (Hrsg.) (2003):** Neue Institutionenökonomik, Neue ökonomische Grundrisse. 3. Auflage. Mohr Siebeck: Tübingen, S.173-174

- **Handelsblatt (2014):** Über Kick-back-Zahlungen, Beraterbeteiligungen, private Investoren, URL: http://www.handelsblatt.com/sport/fussball/nachrichten/spielerberater-sandro-und-kon-schramm-ueber-kick-back-zahlungen-beraterbeteiligungen-private-investoren/6584184-2.html (Stand: 18.01.2014)

- **Köhler, H (2013):** Bürgerliches Gesetzbuch (BGB) (Stand 1. Oktober 2013). 72. Auflage. Beck-Texte im dtv

- **transfermarkt.de (2014):** Berater, BBC Management GmbH, URL: http://www.transfermarkt.de/de/bbc-management-gmbh/details/berater_1414.html (Stand: 12.01.2014)

- **transfermarkt.de (2014):** Berater, Dr. Oliver Wendt & Tomas Zorn, URL: http://www.transfermarkt.de/de/dr-oliver-wendt--tomas-zorn/details/berater_997.html (Stand: 12.01.2014)

- **transfermarkt.de (2014):** Berater, LIAN SPORTS, URL: http://www.transfermarkt.de/de/lian-sports/details/berater_13.html (Stand: 12.01.2014)

- **transfermarkt.de (2014):** Berater, Mondial Sport Management & Consulting Sarl, URL: http://www.transfermarkt.de/de/mondial-sport-management--consulting-sarl/details/berater_2106.html (Stand: 12.01.2014)

- **transfermarkt.de (2014):** Berater, Pro Profil GmbH, URL: http://www.transfermarkt.de/de/pro-profil__gmbh/details/berater_12.html (Stand: 12.01.2014)

- **transfermarkt.de (2014):** Berater, Robert Schneider, URL: http://www.transfermarkt.de/de/robert-schneider/details/berater_117.html (Stand: 12.01.2014)

- **transfermarkt.de (2014):** Berater, ROGON Sportmanagement GmbH & Co. KG, URL: http://www.transfermarkt.de/de/rogon-sportmanagement-gmbh--co-kg/details/berater_1.html (Stand: 12.01.2014)

- **transfermarkt.de (2014):** Berater, SportsTotal, URL: http://www.transfermarkt.de/de/sportstotal/details/berater_199.html (Stand: 12.01.2014)

- **transfermarkt.de (2014):** Berater, WB-Sportmanagement, URL: http://www.transfermarkt.de/de/wb-sportmanagement/details/berater_1686.html (Stand: 12.01.2014)

- **transfermarkt.de (2014):** Berater, Soccer and more Ltd., URL: http://www.transfermarkt.de/de/soccer-and-more-ltd-/details/berater_496.html (Stand: 12.01.2014)

- **transfermarkt.de (2014):** Statistiken, Beraterübersicht, URL: http://www.transfermarkt.de/de/default/startseite/berater.html (Stand: 11.01.2014)

- **Voigt, S. (2002):** Institutionenökonomik, Neue Ökonomische Bibliothek. Wilhelm Fink: München, S.102-104

Druck:
Canon Deutschland Business Services GmbH
im Auftrag der KNV-Gruppe
Ferdinand-Jühlke-Str. 7
99095 Erfurt